A FAMÍLIA PINGUIM
Como trabalhar
o luto com crianças

Catalogação na Fonte
Elaborado por: Josefina A. S. Guedes
Bibliotecária CRB 9/870

Aguiar, Larissa

A282f
2020

A família pinguim : como trabalhar o luto com crianças / Larissa Aguiar, Nilton César Carlini Junior, Camilla Volpato Broering ; ilustração Arnold H. Tavares. - 1. ed. - Curitiba : Appris, 2020.
39 p. : il. color ; 16 cm. - (Literatura).

ISBN 978-65-5523-796-2

1. Literatura infantojuvenil. 2. Luto. I. Carlini Junior, Nilton César. II. Broering, Camilla Volpato. III. Tavares, Arnold H. IV. Título. V. Série.

CDD - 028.5

Appris editora

Editora e Livraria Appris Ltda.
Av. Manoel Ribas, 2265 - Mercês
Curitiba/PR - CEP: 80810-002
Tel. (41) 3156 - 4731
www.editoraappris.com.br

Printed in Brazil
Impresso no Brasil

A FAMÍLIA PINGUIM

Como trabalhar o luto com crianças

Larissa Aguiar
Nilton César Carlini Junior
Camilla Volpato Broering

Ilustração
Arnold H. Tavares

FICHA TÉCNICA

EDITORIAL	Augusto V. de A. Coelho Marli Caetano Sara C. de Andrade Coelho
COMITÊ EDITORIAL	Andréa Barbosa Gouveia (UFPR) Jacques de Lima Ferreira (UP) Marilda Aparecida Behrens (PUCPR) Ana El Achkar (UNIVERSO/RJ) Conrado Moreira Mendes (PUC-MG) Eliete Correia dos Santos (UEPB) Fabiano Santos (UERJ/IESP) Francinete Fernandes de Sousa (UEPB) Francisco Carlos Duarte (PUCPR) Francisco de Assis (Fiam-Faam, SP, Brasil) Juliana Reichert Assunção Tonelli (UEL) Maria Aparecida Barbosa (USP) Maria Helena Zamora (PUC-Rio) Maria Margarida de Andrade (Umack) Roque Ismael da Costa Güllich (UFFS) Toni Reis (UFPR) Valdomiro de Oliveira (UFPR) Valério Brusamolin (IFPR)
ASSESSORIA EDITORIAL	Lucas Casarini
REVISÃO	Lucas Casarini
PRODUÇÃO EDITORIAL	Juliane Scoton
DIAGRAMAÇÃO	Daniela Baumguertner
CAPA	Arnold Henrique Tavares
COMUNICAÇÃO	Carlos Eduardo Pereira Débora Nazário Kananda Ferreira Karla Pipolo Olegário
LIVRARIAS E EVENTOS	Estevão Misael
GERÊNCIA DE FINANÇAS	Selma Maria Fernandes do Valle
COORDENADORA COMERCIAL	Silvana Vicente

AGRADECIMENTOS

A todas as crianças, que ao passarem por situações difíceis enriqueceram nossa prática, nos permitindo aprender neste momento delicado.

ORIENTAÇÕES

Olá, gostaríamos de lhe orientar sobre como contar a história deste livro e abordar o tema "morte". É importante que você seja clara(o) com a criança, permita que ela fale o que sabe e, a partir disso, tire as dúvidas que possam surgir. Algumas vezes as crianças chegam a conclusões irreais que podem trazer sofrimento, como "a pessoa querida não volta porque estou fazendo algo errado" ou "porque não gosta de mim" etc. Por isso, é importante tirar as dúvidas da criança e deixar claro que não há relações de causa e efeito.

Conte a história com calma, deixe a criança falar e se sentir à vontade. Nas perguntas das páginas 23, 25, 26, 27, 28, 29, 30, 31 e 32, deixe um tempo de pausa, alguns segundinhos para a criança pensar sobre o que foi lido. Na página 17, você pode montar a tabela com a criança. Vocês não precisam preencher tudo e, lembre-se, às vezes, uma atividade simples pode ser muito prazerosa. Você pode utilizar a tabela da página 16 como modelo das atividades. Lembre-se: este livro é uma ferramenta que auxilia durante o processo de luto, mas que em situações de muito sofrimento a busca de um psicólogo é insubstituível.

MARTA, ANTÔNIO E CARLINHOS CONSTITUEM UMA FAMÍLIA DE PINGUINS QUE MORA NA ANTÁRTICA.

NO VERÃO E NA PRIMAVERA, OS PINGUINS GOSTAM MUITO DE PESCAR, PASSEAR E TOMAR BANHO DE SOL.
CARLINHOS APROVEITA PARA PESCAR COM SEU PAI, FAZER AS ATIVIDADES DA ESCOLA COM SUA MÃE E BRINCAR COM SEUS AMIGOS DUDU, PEDRINHO E JÚLIA.

O INVERNO É MUITO FRIO, POR ISSO OS PINGUINS PRECISAM FICAR JUNTINHOS E TODAS AS MAMÃES PINGUINS SAEM PARA PEGAR PEIXES FRESQUINHOS.

ENQUANTO TODOS ESPERAM AS MAMÃES VOLTAREM, AS CRIANÇAS PINGUINS GOSTAM DE BRINCAR E CANTAR.

DESSA VEZ, ANTES DE CHEGAR O INVERNO, A MAMÃE PINGUIM FICOU MUITO DOENTE E MORREU. CARLINHOS SE SENTIA MUITO TRISTE E COM SAUDADE DE SUA MAMÃE.

ENTÃO PAPAI PINGUIM DISSE AO CARLINHOS:
– EU TAMBÉM SINTO FALTA DA MAMÃE. SE VOCÊ QUISER, PODE FALAR COMIGO QUANDO SE SENTIR TRISTE.

ALGUNS DIAS DEPOIS, CARLINHOS AINDA ESTAVA MUITO TRISTE.
ENTÃO, O PAPAI PINGUIM PERGUNTOU:
– O QUE VOCÊ GOSTA DE FAZER PARA SE SENTIR MELHOR?

– PODEMOS FAZER ALGO QUE GOSTAMOS, COMO PESCAR! VOCÊ TEM OUTRA IDEIA?

ENTÃO PAPAI PINGUIM TEVE UMA GRANDE IDEIA:
– QUE TAL FAZER UMA AGENDA COM ATIVIDADES LEGAIS?
PAPAI PINGUIM E CARLINHOS MONTARAM UMA AGENDA COM ATIVIDADES DIVERTIDAS.

Agenda do Carlinhos

	Domingo	Segunda	Terça	Quarta	Quinta	Sexta	Sábado
Manhã	Jogar futebol com Dudu, Pedrinho e Júlia		Brincar com Dudu, Pedrinho e Júlia		Tomar banho de sol	Brincar com Dudu, Pedrinho e Júlia	Pescar com o papai
Tarde	Tomar banho de sol com o Papai	Ir à escola	Ir à escola	Ir à escola	Ir à escola	Ir à escola	
Noite		Ler um livro de histórias para o papai		Construir um Boneco de gelo com o papai			Assistir a um filme legal com o papai

QUE TAL VOCÊ MONTAR UMA AGENDA TAMBÉM?

Nome: ______________________

	Domingo	Segunda	Terça	Quarta	Quinta	Sexta	Sábado
Manhã							
Tarde							
Noite							

DURANTE A SEMANA SEGUINTE, CARLINHOS BRINCOU COM SEUS AMIGOS E ASSISTIU A FILMES COM O PAPAI PINGUIM.

EM ALGUNS MOMENTOS CARLINHOS SE SENTIU TRISTE. SEMPRE QUE SE SENTIA ASSIM, CONVERSAVA COM O PAPAI PINGUIM.

OUTROS INVERNOS CHEGARAM E OS VIZINHOS AJUDARAM ANTÔNIO E CARLINHOS COM PEIXES E MÚSICAS ANIMADAS.

DEPOIS DE UM TEMPO, CARLINHOS CONSEGUIU SE LEMBRAR DA MAMÃE PINGUIM SEM FICAR TÃO TRISTE. ELE BRINCAVA COM SEUS AMIGOS, IA PARA A ESCOLA E PASSEAVA COM O PAPAI PINGUIM.

INSTRUÇÕES

Este trecho deve ser lido e respondido com a criança após cerca de duas semanas da leitura do livro.

Nesta parte queremos criar um momento de reflexão sobre como foi a experiência de tentar seguir as atividades da agenda e o que pode ser modificado para que isso seja positivo. Também queremos proporcionar um momento para que as crianças façam desenhos ou escrevam seus relatos. Esse espaço pode servir também para que vocês compartilhem seus sentimentos e é importante que a criança possa falar.

Lembre-se, este livro é uma ferramenta que pode auxiliar no processo de luto, mas em situações de muito sofrimento, a busca por um psicólogo é insubstituível.

VOCÊ GOSTARIA DE FALAR ALGO SOBRE O QUE LEU ATÉ AQUI?

HUMORÔMETRO

PARA TE AJUDAR A SABER COMO VOCÊ ESTÁ SE SENTINDO, NÓS CRIAMOS UM HUMORÔMETRO, COMO UMA BIRUTA. QUANDO TEM MUITO VENTO, A BIRUTA ESTÁ NO ALTO. QUANDO NÃO TEM VENTO, ELA ESTÁ PARA BAIXO.

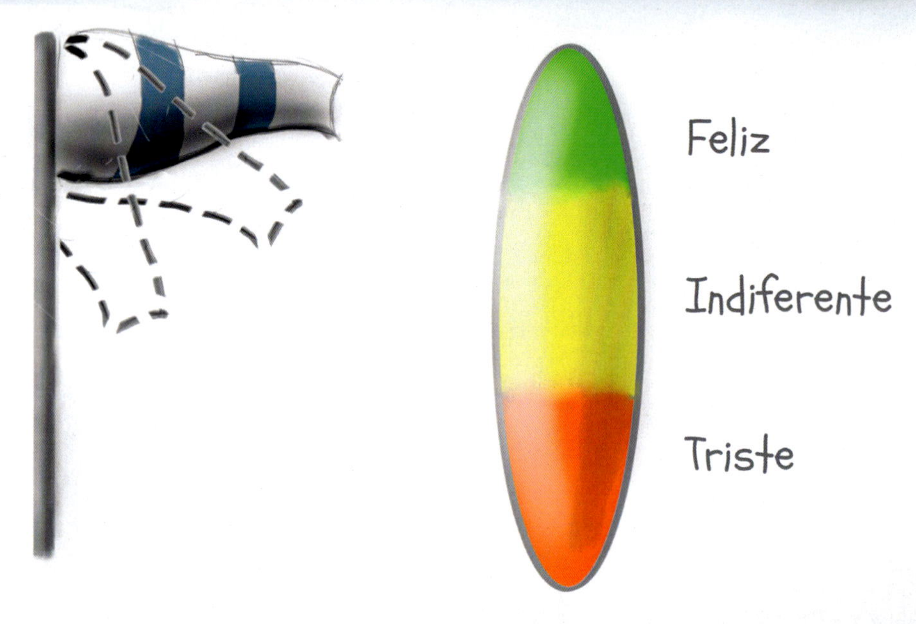

LEGENDA

Feliz: tem muito vento | Indiferente: tem pouco vento | Triste: não tem vento.

ATIVIDADES

DESENHE A BIRUTA NO QUADRADO CORRESPONDENTE AO DIA DA SEMANA

	Domingo	Segunda	Terça	Quarta	Quinta	Sexta	Sábado
Manhã							
Tarde							
Noite							

O que você gostaria de mudar na sua agenda?

Como foi fazer as atividades da sua agenda?

Como você se sentiu?

O QUE VOCÊ ESTÁ PENSANDO NESTE MOMENTO?
FAÇA UM DESENHO SOBRE ISSO.

QUE TAL FAZER UM DESENHO SOBRE O ANTES E O DEPOIS DE SUAS ATIVIDADES?

ANTES

DEPOIS

VOCÊ QUER MONTAR OUTRA AGENDA?

Nome: ______________________________

	Domingo	Segunda	Terça	Quarta	Quinta	Sexta	Sábado
Manhã							
Tarde							
Noite							

TEM ALGO QUE VOCÊ GOSTARIA
DE ESCREVER PARA A SUA MAMÃE?

SOBRE O LUTO

Nos dias de hoje, a morte ainda é vista como um tabu, cercada de mistérios e de crenças, e as pessoas, frequentemente, não estão preparadas para lidar com a finitude humana. Quando a morte ocorre de forma trágica e repentina, tende a causar inúmeras alterações na vida de uma pessoa, acarretando, muitas vezes, prejuízos e alterações, principalmente, nos funcionamentos emocionais e cognitivos. Neste momento, os enlutados poderão recorrer a um psicólogo, que tende a priorizar o acolhimento e a escuta ao paciente. Cada pessoa reage ao luto de uma forma diferente. Nos casos de morte repentina fica mais difícil, porque não há tempo hábil para se preparar para tal. Nesses casos a dor se intensifica, e vem à mente a famosa questão: POR QUE? O ser humano precisa do concreto, do palpável, como se fizesse parte do ritual de despedida, e o fato de não tê-lo acaba, muitas vezes, alongando esse processo. Nesse momento deve-se lançar mão de recursos que possam lhe dar suporte. Nem sempre as pessoas conseguem lidar numa boa e, não muito raro, o estresse pós-traumático se instala, ou seja, ocorrem reações físicas e emocionais frente a um evento altamente estressor. Muitas vezes demora-se a procurar ou a sentir necessidade de tratamento, mas na maioria dos casos o apoio psicológico é necessário desde os primeiros dias após o acontecimento, de modo a evitar sequelas emocionais graves que podem acabar causando um luto prolongado, às vezes por anos, o que impede que a vida seja levada de forma saudável e habitual. Verificar sentimentos e pensamentos despertados pela morte é fundamental para que se possa trabalhar com eles e descobrir formas mais adequadas de se lidar com a situação. Em se tratando de crianças, que fazem uso de fantasia, a situação é mais delicada e exige dos adultos a busca de recursos para o manejo do ocorrido.

CAMILLA VOLPATO BROERING

É psicóloga formada pela Universidade do Vale do Itajaí (2002), mestre e doutora em Psicologia da Saúde, Processos Psicossociais e Desenvolvimento Psicológico pela Universidade Federal de Santa Catarina (UFSC). Atualmente é professora do curso de graduação em Psicologia da Universidade do Vale do Itajaí, bem como de cursos de especialização e pós-graduação na área de desenvolvimento infantil e Terapia Cognitivo Comportamental. Atua como psicóloga clínica. Tem experiência na área de intervenções cognitivo-comportamentais com crianças, adolescentes e adultos. Autora de livros infantis tais como: *Meu Primeiro Dia na Psicóloga, O Sol brilha para todos, Operar, eu?, O garoto autista em seu primeiro dia de aula: aprendendo sobre o autismo*, e organizadora do livro *Psicologia Hospitalar: pesquisa e formas de atuação*.

LARISSA AGUIAR

Graduada em Psicologia pela Universidade do Vale do Itajaí (UNIVALI). Foi bolsista do PET-Saúde/Interprofissionalidade, atuou no Ambulatório de Neonatologia e Pediatria e no Ambulatório de Psiquiatria do Programa Acolher. Foi voluntária no Programa Acolher e realizou acolhimento aos universitários em sofrimento psíquico. Atua como psicóloga clínica com crianças, adolescentes e adultos.

NILTON CÉSAR CARLINI JUNIOR

Graduado em Psicologia pela Universidade do Vale do Itajaí (UNIVALI). Foi estagiário da Delegacia de Proteção à Criança, Adolescente, Mulher e Idoso (DPCAMI), possui experiência na realização de grupos de crianças e adolescentes e no acolhimento ao sofrimento psíquico. Atua como psicólogo clínico com adolescentes, adultos e idosos.

ARNOLD HENRIQUE TAVARES

Graduado em Psicologia pela Universidade do Vale do Itajaí (UNIVALI - 2018). Possui experiência como voluntário e bolsista do projeto de extensão "Grupo de Apoio aos Profissionais que Compõe as Redes de Atenção à Pessoa com Deficiência". Psicólogo voluntário no Ambulatório Interdisciplinar de Doenças Inflamatórias Intestinais da UNIVALI; voluntário no projeto social Psicomusicar como professor de bateria; e ilustrador digital de livros e materiais para a Psicologia.